LENGUAJE CORPORAL

Como conectar con las personas a nivel subconsciente

(Guía práctica completa para aprender todo sobre el lenguaje corporal)

Vero Baez

Publicado Por Daniel Heath

© Vero Baez

Todos los derechos reservados

Lenguaje corporal: Como conectar con las personas a nivel subconsciente (Guía práctica completa para aprender todo sobre el lenguaje corporal)

ISBN 978-1-989853-23-8

Este documento está orientado a proporcionar información exacta y confiable con respecto al tema y asunto que trata. La publicación se vende con la idea de que el editor no esté obligado a prestar contabilidad, permitida oficialmente, u otros servicios cualificados. Si se necesita asesoramiento, legal o profesional, debería solicitar a una persona con experiencia en la profesión.

Desde una Declaración de Principios aceptada y aprobada tanto por un comité de la American Bar Association (el Colegio de Abogados de Estados Unidos) como por un comité de editores y asociaciones.

No se permite la reproducción, duplicado o transmisión de cualquier parte de este documento en cualquier medio electrónico o formato impreso. Se prohíbe de forma estricta la grabación de esta publicación así como tampoco se permite cualquier almacenamiento de este documento sin permiso escrito del editor. Todos los derechos reservados.

Se establece que la información que contiene este documento es veraz y coherente, ya que cualquier responsabilidad, en términos de falta de atención o de otro tipo, por el uso o abuso de cualquier política, proceso o dirección contenida en este documento será responsabilidad exclusiva y absoluta del lector receptor. Bajo ninguna circunstancia se hará responsable o culpable de forma legal al editor por cualquier reparación, daños o pérdida monetaria debido a la información aquí contenida, ya sea de forma directa o indirectamente.

Los respectivos autores son propietarios de todos los derechos de autor que no están en posesión del editor.

La información aquí contenida se ofrece únicamente con fines informativos y, como tal, es universal. La presentación de la información se realiza sin contrato ni ningún tipo de garantía.

Las marcas registradas utilizadas son sin ningún tipo de consentimiento y la publicación de la marca registrada es sin el permiso o respaldo del propietario de esta. Todas las marcas registradas y demás marcas incluidas en este libro son solo para fines de aclaración y son propiedad de los mismos propietarios, no están afiliadas a este documento.

TABLA DE CONTENIDO

Parte 1 1

Introducción 2

Capítulo 1: Los Fundamentos Del Lenguaje Corporal 6

Capítulo 2: Entender El Simple, Pero Potente Lenguaje Corporal 13

Capítulo 3: Leyendo Las Emociones Y Pensamientos De La Gente 17

Capítulo 4: 25

Interpretación Del Lenguaje Corporal De Otras Personas .. 25

Capítulo 5: 61

Usando El Lenguaje Corporal 61

Capítulo 6: 66

Persuadir E Influir Con Eficacia 66

Capítulo 7: 76

Errores Comunes Al Interpretar El 76

Conclusión 81

Parte 2 85

Introducción 86

El Uso Del Lenguaje Corporal Para Generar Atracción 90

Capítulo 2 El Uso Del Lenguaje Corporal Para Influenciar A Otros 98

Capítulo 3: El Uso Del Lenguaje Corporal En Situaciones Sociales 106

Capítulo 4: La Conexión Entre Cuerpo Y Mente 114

Conclusión 122

Parte 1

Introducción

Es importante reconocer que la comunicación conecta a las personas. El lenguaje corporal es tan vital como la palabra hablada. La capacidad de expresar y comprender las señales no verbales comunica interés y crea relaciones sólidas. Las señales sin palabras a menudo son diferentes de lo que se habla, pero el lenguaje inconsciente del cuerpo a menudo expresa los verdaderos sentimientos y deseos. La forma en que las personas se mueven, escuchan, miran o responden se ve y se mide a través del lenguaje corporal. Estas señales no verbales pueden generar confianza y relación o crear confusión y dudas.

El lenguaje corporal puede provocar repetición, contradiccióno sustitución de la palabra hablada. Esas señales también pueden complementar o acentuar lo que se dice. Los diferentes tipos de lenguaje corporal incluyen expresiones faciales, contacto visual, movimientos corporales, gestos, postura y tacto. El rostro puede expresar claramente alegría, tristeza, miedo, iray disgusto, y las expresiones pueden ser las mismas para las personas en todas partes. El contacto visual puede significar afecto u hostilidad. Los movimientos corporales, como sentarse, caminar o pararse, los gestos como saludar con la mano o señalar, y los movimientos sutiles y de orientación de una persona pueden expresar mucho. Apretones de manos, abrazos, golpecitos en el hombro y otras formas de contacto pueden comunicar más que palabras.

El tono de voz también es parte de la comunicación no verbal. Cómo dices algo es tan importante como lo que dices. Necesitas comprender que las personas escuchan qué tan fuerte es tu voz cuando hablas, tu tono de voz o qué tan rápido hablas. Puede decir un simple "uh-huh" y esto puede indicar confianza, enojo o sarcasmo.

Es bueno ser capaz de hablar poderosamente el lenguaje corporal y leerlo con eficacia. Este libro te mostrará técnicas sobre cómo puede crear impresiones excelentes y duraderas a través de tu lenguaje corporal, así como comprender lo que otras personas están diciendo a través de señales no verbales.

Capítulo 1: Los fundamentos del lenguaje corporal

El cuerpo humano es la mejor imagen del alma humana.
- Ludwig Wittgenstein

Desde el principio de los tiempos, las personas comunican sus necesidades, sus sentimientos, sus deseos y sus temores entre sí. Se comunican de dos maneras: verbal y no verbal. El lenguaje corporal es una forma en que las personas se expresan sin palabras. Se comunican mediante gestos, expresiones faciales, reacciones corporales, ruidos y cambios fisiológicos. El lenguaje corporal es como una parte inherente de la comunicación humana que los íconos emocionales se han integrado en las interacciones escritas.

El cuerpo puede mostrar una comunicación efectiva cuando las palabras no son suficientes y las personas necesitan que los demás sepan lo que piensan, sienten o necesitan. Por ejemplo, una cara conmocionada, mandíbulas abiertas o quedarse con el cuerpo congelado, puede expresar miedo o sorpresa. Puedes decir cuándo alguien está comiendo algo agrio u oliendo algo podrido por la forma en que su cara se ve afectada. El cuerpo reacciona fácilmente, especialmente si hay una amenaza que se plantea contra él de alguna manera.

Puedes ver si una persona se siente feliz o triste, cómoda o no, enojada o calmada a través de su postura, reacciones faciales y movimientos. El lenguaje corporal suele ser rápido y genuino. Puede enviar y recibir un mensaje confiable de lo que está a mano. El cuerpo humano está diseñado para reaccionar a los estímulos de manera visible. De la misma manera, el cerebro puede detectar y comprender el lenguaje corporal de otras personas.

Por ejemplo, puedes darte cuenta de que una persona que está hablando contigo tiene prisa o quiere salir urgentemente de cierta situación por la forma en que su cuerpo se aleja o apunta hacia la otra dirección. Incluso sin que él lo diga verbalmente, puedesdeducir el hecho de que realmente necesita cortar su conversación y dejarla. Es como si su lenguaje corporal enviara un telegrama a tu cerebro para indicar sus intenciones. Usualmente, el lenguaje corporal es más preciso que la comunicación verbal.

La Ciencia del Lenguaje Corporal

El sistema límbico del cerebro humano está diseñado para procesar pensamientos, emociones, intenciones y necesidades en tiempo real. Mientras que, en algunos casos, el lenguaje corporal puede ser estudiado y refinado, el cuerpo generalmente muestra lo que siente inmediatamente. Algunos ejemplos son:

- Compresión de labios al escuchar noticias tristes o inquietantes.

- Apretar las mandíbulas y los puños cuando está enojado o molesto

- Frotar la parte posterior del cuello o

colocar la palma de la mano en la cara cuando está estresado o confundido

- Arqueo de las cejas en caso de duda o excitación.

- Bajar la barbilla cuando está incómodo o deprimido.

El lenguaje corporal es universal. No importa la raza, la edad o el género - las personas de alguna manera expresan ciertos sentimientos, necesidades y pensamientos de la misma manera. Los seres humanos son seres sociales y siempre encontrarán una manera de comunicarse. Es una característica arraigada. El cerebro límbico expresa los verdaderos sentimientos de una persona, además de comprender y responder a la comunicación no verbal que siente.

La Importancia de Entender el Lenguaje Corporal de Otras Personas

Dado que es un hecho establecido que el lenguaje corporal refleja los verdaderos pensamientos y sentimientos de una persona a la vista, debes evaluar y comprender lo que significan los diferentes lenguajes corporales. Esto será especialmente útil en las relaciones, ya sea con familiares, amigos, conocidos o en negocios. Podrás comprender los comportamientos sutiles, así como identificar los problemas potenciales aún no hablados y no abordados.

El dicho "las acciones hablan más que las palabras" es cierto porque las personas pueden comunicarse incluso sin una sola palabra hablada. Por ejemplo, un encogimiento de hombros puede significar que no te importa o que no sabes. Además, las personas pueden reforzar lo que están diciendo a través de expresiones faciales y gestos. Un abrazo fuerte y largo permitirá decir que el "Estoy aquí para ti" sea más significativo.

En los siguientes capítulos, descubrirás el asombroso poder del lenguaje corporal. Aprenderás cómo expresarte más efectivamente a través de medios no verbales. Además, comprenderás que aprender a interpretar el lenguaje corporal te dará una perspectiva y te ayudará a evaluar las relaciones y las situaciones para tu beneficio.

Capítulo 2: Entender el Simple, pero Potente Lenguaje Corporal

Lo que haces habla tan fuerte que no puedo escuchar lo que dices.
- Ralph Waldo Emerson

Si bien el lenguaje corporal puede ser bastante sutil, no obstante, es una expresión muy poderosa de tus pensamientos, sentimientos y deseos. Es importante que aprendas a expresarte a través de conductas no verbales y que reconozcas efectivamente las respuestas no verbales de otras personas.

Aquí están algunas áreas de interés:

1. Postura

La forma en que las personas se paran o se sientan reflejan su confianza y comodidad en sí mismas o en una situación dada. La llamada postura de poder es un lenguaje corporal que no solo puede expresar el equilibrio, sino que en realidad aumenta el nivel de confianza en ti mismo y tu fortaleza interior, especialmente en situaciones sociales como conocer gente nueva, someterte a una entrevista de trabajo o negociar un acuerdo comercial.

2. Mirada a los ojos

Debe comprender que existe una diferencia entre mirar a alguien y establecer contacto visual. Mirar puede significar violar el espacio de una persona y mirar demasiado tiempo puede ser identificado como una amenaza. Por otra parte, hacer contacto visual puede significar que estás interesado en una persona, como cuando le estás hablando y estás escuchando atentamente. En el caso de hacer contacto visual con extraños, puede percibirse como coqueteo y si no estás interesado, simplemente debes mirar hacia otro lado. Mirar a los ojos puede percibirse como un cierto grado de amor o algo parecido.

3. Acercándose

Cuando una persona se acerca a alguien e invade su espacio personal, reacciones positivas y negativas pueden despertarse. Entre las personas que se conocen, la cercanía puede estimular el amor y el afecto. Entre extraños, puede desencadenar miedo, ira, malestar o irritación.

4. Toque

El contacto no sexual no invasivo generalmente provoca una respuesta positiva. Poner una mano en el brazo o el hombro de alguien, por ejemplo, puede significar apoyo y confianza en la persona que está siendo tocada.

5. Sonriendo
Una sonrisa es un lenguaje universal. No solo incitará las reacciones positivas de las personas que te rodean, sino que también desencadenará la felicidad interna. Si quieres ser alguien que emita vibraciones positivas y mostrar a las personas que pueden acercarse a ti, la clave es sonreír.

Capítulo 3: Leyendo las Emociones y Pensamientos de la Gente

Lo más importante en la comunicación es escuchar lo que no se dice.
- Peter F. Drucker

Mejorar sus habilidades de comunicación, ya sea verbal o no, lo ayudará tanto personal como profesionalmente. No solo dominaríastus propias expresiones a través del lenguaje corporal, sino que también deberías discernir cómo otros se comunican contigo de manera no verbal. Puedes obtener mucho más de lo que se dice cuando puedes entender el lenguaje corporal.

Dominar la habilidad de leer las emociones y los pensamientos de las personas te permitirá leer entre líneas y tomar decisiones apropiadas en diversas situaciones. Aquí hay unos ejemplos:

1. Entender cómo se siente una persona.

Alguien puede estar diciendo que él es feliz y, sin embargo, sus hombros están caídos y su sonrisa es tensa. Puede decir que lo que dijiste o propusiste hacer está bien con él, pero desvía la vista mientras responde y deja escapar un suspiro. Ten en cuenta que sus acciones expresan con sinceridad lo que él está pensando o sintiendo por dentro y sus palabras lo desmienten. Leer esto será especialmente útil en las relaciones. Es posible que necesites saber si:

☐ Necesitas hablar con la persona sobre lo

que le está molestando para que puedas ayudar.

☐ La otra persona debe estar sola y tú debes retirarse por un tiempo.

☐ Le estás pidiendo a alguien que haga algo y él no quiere hacerlo.

2. Si una persona no está diciendo la verdad.
Prestar atención a cómo habla el cuerpo de una persona te ayudará a discernir si está diciendo la verdad. Una buena manera de leer los sentimientos y pensamientos de las personas a través del lenguaje corporal es hacer contacto visual. Por lo general, una persona que no puede mirarte a los ojos puede estar mintiendo u ocultando algunas verdades. Alguien que

te está mintiendo puede estar tartamudeando, cambiando el tono de su voz o aclarando su garganta mientras te habla de algo. También puede desviar su atención cambiando su peso corporal o golpeando sus pies. Una persona que se siente incómoda con lo que está diciendo se ruboriza o se pone las manos en la cara mientras habla.

3. Durante las entrevistas de trabajo.

Generalmente, los entrevistadores de trabajo escuchan más que las respuestas dadas por el solicitante. Comprueban lo que su lenguaje corporal transmite, como la confianza o la arrogancia. Una persona puede divagar sobre sus logros y habilidades, pero su lenguaje corporal puede demostrar lo contrario. A menudo, los empleadores no solo buscan personas que puedan expresarse verbalmente, sino que también irradien esa confianza en sí mismos y su talento a través de su lenguaje corporal. Por otro lado, si tu eres el solicitante de empleo y ves que el entrevistador está levantando las cejas o frunciéndolos de alguna manera, entonces deberías saber que no entiende o cree lo que estás diciendo. Puede que tengas que reformular o explicarte mejor.

4. Durante las conversaciones.

Debes leer los sentimientos y pensamientos de las personas, especialmente cuando estás hablando con ellos, para saber si están realmente interesados en lo que estás diciendo, si necesitas explicarte más o necesitas llamar su atención, o si alguien está imponiéndose en ti.

☐ Si una persona se inclina hacia adelante mientras habla, puede ver que está realmente interesado en lo que está diciendo.

☐ Si sus ojos están en todas partes, excepto en ti o si se está reclinando, es probable que esté aburrido o que no le importe lo que estás hablando.

☐ Si alguien se inclina hacia adelante, pero está muy cerca de ti, puede significar que te persuadirá con firmeza para que lo escuches.

☐ Si estás conversando con alguien, puedes informarle que estás interesado y no solo esperar tu oportunidad de hablar estableciendo contacto visual.

5. Otras situaciones comunes.

☐ Cuando alguien pone su mano sobre su pecho, muestra sinceridad.

☐ Cuando alguien se frota la nariz, expresa disgusto.

☐ Cuando alguien busca a una persona antes de hablar, está tratando de recordar algo importante.

☐ Cuando alguien mira por encima de una persona por encima de sus gafas, puede estar examinando a la persona.

Cuando entiendes cómo leer el lenguaje corporal de otras personas, te estás dando la ventaja. Podrás mejorar y mantener tus relaciones, podrás detectar si alguien te está mintiendo, y serás un comunicador eficaz y aumentarástu confianza en ti mismo.

Capítulo 4:

Interpretación del lenguaje corporal de otras personas

Póngase en contacto con la forma en que se siente la otra persona.
Los sentimientos son 55% lenguaje corporal, 38% tono y 7% palabras.
- EdenShapoura

Si bien hay personas que pueden interpretar de manera intuitiva la comunicación no verbal, aquellas que no tienen la habilidad natural de leer el lenguaje corporal pueden aprender cómo hacerlo y mejorar esa habilidad. Reconocer que cada parte del cuerpo puede decir algo es el comienzo.

A continuación, hay una lista de algunas expresiones comunes del lenguaje corporal y su significado general. Debes medir el mensaje que transmites, la forma en que una persona se siente cómoda o incómoda con los comportamientos de referencia. Analizar el lenguaje corporal también dependerá del tipo de situación en la que te encuentres. Por ejemplo, una persona se ve triste o incómoda en una fiesta comparada con una persona que se ve triste o incómoda en la sala de espera de un hospital. Tienen diferentes razones para expresarse de manera no verbal. Tu respuesta también será diferente: puedes preguntar a la primera si hay algo mal, mientras que, para la segunda, ya es bastante comprensible.

Debes recordar que el lenguaje corporal no se ha demostrado que sea una ciencia exacta, pero definitivamente puede dar pistas para ayudarte a interpretar las necesidades, pensamientos y sentimientos no expresados de las personas. Del mismo modo, es mejor tener en cuenta que ningún comportamiento individual te dará una imagen completa.

Labios:
Esta es una de las señales de lenguaje corporal más fáciles que puedes estudiar. Algunas expresiones faciales son las mismas en diferentes razas y culturas. Desde la infancia, a las personas se les enseña a expresarse a través de indicaciones faciales que son apropiadas para ciertas situaciones. Aquí hay algunas expresiones faciales que puede vigilar para tener una idea de lo que la otra persona puede estar pensando o sintiendo:

- Sonrisa falsa.
Una genuina y verdadera sonrisa llega a los ojos, no solo a las comisuras de la boca. Si la sonrisa que se da no involucra los párpados y las cejas, y la cabeza no se levanta, entonces la sonrisa probablemente sea falsa.

- Labios fruncidos.
Esto generalmente indica incomodidad o no decir toda la verdad.

Gestos de Palma

Figura: a) Posición de palma sumisa; b) Posición de palma dominante; c) Posición de palma agresiva

- **Posición de la Palma Sumisa:** La palma hacia arriba se usa como un gesto sumiso, no amenazador, que recuerda el gesto de súplica de un mendigo callejero. La persona a la que se le pide que mueva la caja no sentirá que la solicitud se da con presión y, en una situación normal superior / subordinada, no se sentirá amenazada por la solicitud.

• **Posición de Palma Dominante:** Cuando la palma está orientada hacia abajo, tendrás autoridad inmediata. La persona a la que has dirigido la solicitud siente que se le ha dado una orden para que retire la caja y puede sentirse antagónica hacia ti, dependiendo de tu relación con él. Por ejemplo, si la persona a la que le diste la solicitud era un compañero de trabajo de igual estatus, podría rechazar su solicitud de palma hacia abajo y sería más probable que cumpliera tu deseo si hubieras usado la posición de palma hacia arriba. Si la persona a la que le das la solicitud es tu subordinada, el gesto con la palma hacia abajo es aceptable, ya que tienes la autoridad para usarlo.

• **Posición de Palma Agresiva:** La palma se cierra en un puño y el dedo puntiagudo se convierte en un club simbólico con el que el orador supuestamente supera al oyente, sometiéndolo. El dedo puntiagudo es uno de los gestos más irritantes que una persona puede usar mientras habla, especialmente cuando se le compara con las palabras del orador. Si eres un puntero habitual, intenta practicar las posiciones de palma hacia arriba y hacia abajo y encontrarás que creas una actitud más relajada y tienes un efecto más positivo en otras personas.

Manos y Brazos

Aprender movimientos de manos y brazos, como la altura que se extienden, la rapidez con la que se mueven y la cantidad de espacio que ocupan puede decirte muchas cosas.

Los movimientos que desafían la gravedad son generalmente positivos. Las personas que están felices o emocionadas pueden levantar la barbilla, mover los brazos o las piernas hacia arriba o incluso hacer saltar los pies. Encontrarás que personas seguras balancean sus brazos mientras caminan. Las personas estáticas probablemente agitarán sus brazos por encima de sus cabezas o harán movimientos rápidos con sus manos mientras hablan animadamente.

Las personas que son inseguras o incómodas pueden restringir el movimiento de los brazos y las manos. Las personas que están decepcionadas o tristes hundirán sus hombros y colgarán sus brazos libremente sobre sus costados.

Frotando las Palmas de las Manos:
Figura: enfoque positivo
Frotar las palmas de las manos es una forma en que las personas comunican de manera no verbal una expectativa positiva.

Manos Apretadas Juntas:
Figura: a) manos apretadas en posición elevada; b) manos apretadas en posición

media; c) manos apretadas en posición baja.

La investigación realizada por Nierenberg y Calero sobre la posición de las manos cerradas los llevó a la conclusión de que se trataba de un gesto de frustración, lo que indica que la persona estaba reprimiendo una actitud negativa. El gesto tiene tres posiciones principales.

• La persona sería más difícil de manejar cuando las manos se mantuvieran altasque la persona que apoyaba las manos en la posición del escritorio. Al igual que todos los gestos negativos, se debe tomar alguna acción para desbloquear los dedos de la persona para exponer las palmas y la parte frontal del cuerpo, o la actitud hostil permanecerá.

Mano de Agujas o de Torre:

Figura: a) la torre elevada; b) la torre disminuida

Las personas que tienen confianza, tipos superiores o que usan gestos corporales mínimos o restringidos a menudo usan este gesto y, al hacerlo, señalan su actitud de confianza. Se usa con frecuencia en la interacción superior / subordinada y puede ser un gesto aislado, que indica una actitud de confianza o de "saberlo todo". Los gerentes a menudo usan esta posición de gesto cuando dan instrucciones o consejos a los subordinados y es particularmente común entre contadores, abogados, gerentes y similares. El gesto tiene dos versiones;

- **La Torreelevada:** La posición se toma normalmente cuando el agitador está dando sus opiniones o ideas y está hablando.

- **La Torre Disminuida:** La posición se usa normalmente cuando el agitador está escuchando en lugar de hablar.

Agarrar manos, brazos y muñecas:
Figura: a) gesto de superioridad y confianza b) gesto de agarre mano-muñeca; c) gesto de agarre en la parte superior del brazo

- **Gesto de Superioridad / Confianza:** Varios miembros masculinos prominentes de la familia real británica son conocidos por su hábito de caminar con la cabeza levantada, la barbilla hacia fuera y una palma sujetando la otra mano por detrás. No solamente la Realeza Británica usa este gesto; es común entre la realeza de muchos países. En la escena local, el gesto es utilizado por el policía que patrulla su ritmo, el director de la escuela local cuando camina por el patio de la escuela, el personal militar superior y otros en una posición de autoridad.

• **Gesto de Agarre Mano-Muñeca:** Es una señal de frustración y un intento de autocontrol. En estecaso, una mano agarra la otra muñeca o brazo con mucha fuerza, como si fuera un intento de un brazo para evitar que la otra salte.

• **Gesto de Agarre en la Parte Superior del Brazo:** Cuanto más se mueve la mano por la espalda, más enojado está la persona. Él está demostrando un mayor intento de autocontrol que aquel con gesto de agarre con la mano, porque la mano está agarrando la parte superior del brazo, no solo la muñeca. Es este tipo de gesto el que ha dado lugar a expresiones tales como: "Contrólate bien".

Muestra de Pulgar:
Figura: a) masculino dominante; b) femenino dominante

Los pulgares denotan fuerza de carácter y ego y el uso no verbal de los pulgares está de acuerdo con esto. Se utilizan para mostrar el dominio, la superioridad o incluso la agresión; Los gestos con el pulgar son gestos secundarios, una parte de apoyo de un grupo de gestos. Las muestras de pulgar son señales positivas, que a menudo se usan en la pose típica del gerente 'fresco' que las usa en presencia de subordinados.

- **Masculino Dominante:** Los brazos doblados con los pulgares hacia arriba son otra posición popular del gesto con el pulgar. Esta es una señal doble, que es la de una actitud defensiva o negativa, (brazos cruzados) más una actitud superior (que se muestra con los pulgares). La persona que usa este doble gesto generalmente gesticula con los pulgares y se balancea sobre las bolas de los pies cuando está de pie.

- **FemeninoDominantes:** Las mujeres dominantes o agresivas también usan este gesto. El movimiento de mujeres les ha permitido adoptar muchos gestos y posiciones masculinas. Además de todo esto, los impulsores de pulgar a menudo se balancean en las puntas de sus pies para dar la impresión de altura adicional.

Gestos de Brazos Cruzados
Gesto Estándar de Brazos Cruzados:

Figura: cruce estándar de brazos

El gesto estándar de cruzar los brazos es un gesto universal que significa la misma actitud defensiva o negativa en casi todas partes. Se ve comúnmente cuando una persona se encuentra entre extraños en reuniones públicas, colas, cafeterías, ascensores o en cualquier lugar donde la gente se siente incierta o insegura.

Gesto de agarre del brazo

Figura: actitud superior mostrada

- **Un tipo superior** puede hacer sentir su superioridad en presencia de personas que acaba de conocer al no cruzar los brazos, pero tomar un gesto de plegado con ambos pulgares apuntando verticalmente hacia arriba.

- Este gesto es la versión defensiva de ambos brazos que se sostienen horizontalmente delante del cuerpo con ambos pulgares hacia arriba para mostrar que el usuario está "fresco".

Gestos parciales de la barrera del brazo
Figura: Cruce parcial de brazos

- El gesto completo de cruzar los brazos a veces es demasiado obvio para usarlo alrededor de los demás porque les dice que tenemos miedo. Ocasionalmente, sustituimos una versión más sutil: La cruz parcial del brazo, en la que un brazo gira sobre el cuerpo para sostener o tocar el otro brazo para formar la barrera.

• La barrera parcial del brazo se ve a menudo en reuniones donde una persona puede ser una extraña para el grupo o carece de confianza en sí misma. Otra versión popular de una barrera de brazo parcial es tomarse de la mano, un gesto comúnmente utilizado por personas que se ponen de pie ante una multitud para recibir un premio o dar un discurso.

Gestos Disfrazados para Cruzar el Brazo

Figura: a) nerviosismo disfrazado; b) bolso de mano usado para formar una barrera

• **Los gestos disfrazados de brazos**

cruzados son gestos altamente sofisticados utilizados por personas que están continuamente expuestas a otros. Este grupo incluye políticos, personal de ventas, personalidades de la televisión y similares que no quieren que su audiencia detecte que están inseguros o nerviosos.

Hombros, pecho y vientre.

Debido al instinto natural, las personas tienden a proteger su torso en situaciones que son incómodas o amenazantes. Solo permiten el acceso cuando se sienten seguros y quieren abrirse a los demás. Aprender cómo una persona muestra sus pensamientos y emociones a través de señales no verbales que involucran su torso te hará ver si está abierto a ti o se está distanciando.

Si estás hablando con una persona, por ejemplo, y su cuerpo está ligeramente orientado hacia el lado opuesto, entonces no le gustas o se está protegiendo de ti. Por otro lado, una persona que te agrade probablemente se inclinará hacia ti o se volverá hacia ti.

Piernas

Los estudios demuestran que puedes evaluar mejor la honestidad de una persona al ver cómo hablan sus piernas y pies. Si bien la cara puede darle alguna señal, algunas personas están capacitadas para simular el uso o el control de las expresiones faciales. Pero las piernas y los pies pueden hablar volúmenes.

Es lo mismo con el torso: Las personas que se gustan entre sí tendrán sus piernas o pies apuntando o inclinándose una en dirección a la otra. Los pies o una pierna que están apuntando ligeramente hacia afuera dan la indicación de que la persona desea irse. Cruzar las piernas de uno mientras está de pie indica que una persona desea quedarse donde está.

Posición Estándar de la Pierna Cruzada
Figura: posición estándar de la pierna cruzada

• **Una pierna se cruza** cuidadosamente sobre la otra; generalmente la derecha sobre la izquierda. Esta es la posición normal de piernas cruzadas utilizada por las culturas europea, británica, australiana y neozelandesa y puede usarse para mostrar una actitud nerviosa, reservada o defensiva.

- **Por ejemplo**, las personas a menudo se sientan así durante conferencias o si están en sillas incómodas durante largos períodos.
- Cuando el gesto de las piernas cruzadas se combina con los brazos cruzados, la persona se ha retirado de la conversación.

Posición de Bloqueo de la Pierna

- **Esta pierna en cruz** indica que existe una actitud argumentativa o competitiva. Es la posición sentada utilizada por muchos hombres estadounidenses que tienen una naturaleza competitiva. Siendo este el caso, es difícil interpretar la actitud de un estadounidense durante una conversación, pero es bastante obvio cuando este gesto es utilizado por un ciudadano británico.

• **La persona** que tiene una **actitud dura y rápidaen una discusión** o debate a menudo bloqueará la **figura 4** en su lugar con una o ambas manos, usándolas como una abrazadera. Esta es una señal de la persona tenaz y obstinada que puede necesitar un enfoque especial para romper su resistencia.

Gestos de Pierna Cruzada Estando de Pie
Figura: posición estándar defensiva, b) Actitud cerrada y cuerpo cerrado, c) actitud abierta y cuerpo abierto

Figura: a) versión masculina de bloqueo de tobillos, b) versión femenina de bloqueo de tobillo

El gesto de Bloqueo de Tobillo

- **Versión masculina de bloqueo de tobillo:** A menudo se combina con los puños apretados que descansan sobre las rodillas o con las manos que sujetan con fuerza los brazos de la silla.

- **Versión femenina de bloqueo de tobillo:** Varía ligeramente si las rodillas se mantienen juntas, los pies pueden estar a un lado y las manos descansan una al lado de la otra o una encima de la otra, apoyada en la parte superior de las piernas.

Ojos
Nuevamente, las personas que establecen

contacto visual contigo indican que están interesadas en ti, mientras que las personas que parecen desviar la mirada están aburridas o desinteresadas. Por otro lado, la mirada es también algo cultural. En las culturas latinoamericanas y africanas, por ejemplo, se les dice a los jóvenes que no miren a los ojos a aquellos que tienen una autoridad superior para expresar respeto y humildad.

Las personas son diferentes y pueden expresarse de manera diferente. Por ejemplo, cuando una persona segura se inclina sobre sus hombros, se puede decir fácilmente que está decepcionada o triste. Pero una persona tímida que tiene hombros y la cabeza caída, simplemente porque es introvertida, no necesariamente porque está triste. Debes comprender los comportamientos de referencia, así como las personalidades predeterminadas de la gente para que no malinterprete a los demás, especialmente cuando llegue a conocer mejor a las personas y en circunstancias normales. La interpretación del lenguaje corporal debe basarse en un comportamiento que no parezca ordinario o cómodo. Su objetivo no es ser psíquico ni nada, su objetivo principal en el aprendizaje e interpretación del lenguaje corporal es mejorar las relaciones.

Gestos de Mano en la Cara
- El protector bucal es uno de los pocos gestos adultos que es tan obvio como el de un niño. La mano cubre la boca y el pulgar

se presiona contra la mejilla mientras el cerebro le ordena de manera subconsciente, que intente suprimir las palabras engañosas que se están diciendo. A veces, este gesto puede ser solo varios dedos sobre la boca o incluso un puño cerrado, pero su significado sigue siendo el mismo.

• Muchas personas intentan disfrazar el gesto del protector bucal dando una tos falsa. Si la persona que está hablando usa este gesto, indica que está diciendo una mentira. Sin embargo, si se tapa la boca mientras está hablando, ¡eso indica que siente que está mintiendo!

Tocar la Nariz y Frotar los Ojos
Figura: el toque de nariz b) frotar lo ojos.

- **El toque de nariz:** En esencia, el gesto de toque de nariz es una versión sofisticada y disfrazada del gesto de protector bucal. Puede consistir en varios frotamientos ligeros debajo de la nariz o puede ser un toque rápido, casi imperceptible. Al igual que el gesto del protector bucal, puede ser utilizado tanto por el hablante para disfrazar su propio engaño como por el oyente que duda de las palabras del hablante.

- **Frotar los Ojos:** "No veas el mal", dice el mono sabio, y este gesto es el intento del cerebro por bloquear el engaño, la duda o la mentira que ve o para evitar tener que mirar la cara de la persona a quien él está diciendo la mentira. Los hombres generalmente se frotan los ojos con fuerza y si la mentira es grande, a menudo mirarán hacia otro lado, normalmente hacia el piso. Las mujeres usan un pequeño movimiento suave para frotarse justo debajo del ojo, ya sea porque han sido educadas para evitar hacer gestos rústicos o para evitar que se les corra el maquillaje. También evitan la mirada de un oyente mirando el techo.

Rasguño de Oreja y Cuello
Figura: a) frotar la oreja; b) rasguñar el cuello

• **El Frote de la Oreja:** Esto es, en efecto, un intento por parte del oyente de "no escuchar el mal" al tratar de bloquear las palabras colocando la mano alrededor o sobre la oreja. Esta es la versión sofisticada para adultos del gesto manos arriba en ambos oídos utilizado por el niño pequeño que quiere bloquear las reprimendas de sus padres. Otras variaciones del gesto de frotar la oreja incluyen frotar la parte posterior de la oreja, accionar como taladro el dedo (donde la punta del dedo se atornilla hacia adelante y hacia atrás dentro de la oreja), tirar del lóbulo de la oreja o doblar el lóbulo hacia adelante para cubrir el agujero de la oreja. Este último gesto es una señal de que la persona ha escuchado lo suficiente o puede querer hablar.

• **El rasguño en el cuello:** En este caso, el dedo índice de la mano de escritura rasca debajo del lóbulo de la oreja, o incluso puede rascar el costado del cuello. Nuestra observación de este gesto, revela un punto interesante. La persona se rasca unas cinco veces. Rara vez es el número de arañazos menos de cinco y rara vez más de cinco. Este gesto es una señal de duda o incertidumbre y es característico de la persona que dice: "No estoy seguro de estar de acuerdo". Es muy notable cuando el lenguaje verbal lo contradice, por ejemplo, cuando la persona dice algo como: "Puedo entender cómo te sientes".

Gesto de Tirón de Cuello y
El Gesto de los Dedos en la Boca

Figura: a) El tirón de cuello, b) Dedos en la boca

- **El Tirón de Cuello** - Cuando una persona se siente enojada o frustrada o sudando y necesita arrancar el cuello de la camisa de su cuello en un intento de dejar que el aire fresco circule alrededor de él. Cuando ves que alguien usa este gesto, una pregunta como "¿Repetirías eso, por favor?" o, "¿Podría aclarar ese punto, por favor?" puede hacer que el posible engañador regale el juego.

• **Dedos en la Boca:** la explicación de Morris de este gesto es que los dedos se colocan en la boca cuando una persona está bajo presión. Mientras que la mayoría de los gestos de la mano a la boca implican mentira o engaño, el gesto de los dedos en la boca es una manifestación externa de una necesidad interna de tranquilidad. Darle a la persona garantías y seguridad es apropiado cuando aparece este gesto.

Gestos de Mejillas

Figura: a) gesto de aburrimiento, b) gesto de evaluación o estar interesado

- **Gesto de Aburrimiento:** Cuando el oyente comienza a usar su mano para apoyar su cabeza, es una señal de que el aburrimiento se ha manifestado y su mano de apoyo es un intento de levantar la cabeza para evitar que se duerma. El aburrimiento extremo y la falta de interés se muestran cuando la cabeza está totalmente apoyada por la mano.
- **Gesto Interesado.** - Una mano cerrada apoyada en la mejilla muestra el gesto interesado. A menudo con el dedo índice apuntando hacia arriba. Si la persona comienza a perder interés, pero desea

parecer interesada, por cortesía, la posición se modificará ligeramente para que el talón de la palma apoye la cabeza.

- **El interés genuino** se muestra cuando la mano está en la mejilla, no se usa como soporte para la cabeza.

Gestos deAcariciar la Barbilla
Figura: a) tener pensamientos negativos; b) Acariciando la barbilla femenina; c) tomando una decisión

- Cuando el dedo índice apunta verticalmente hacia arriba en la mejilla y el pulgar sostiene la barbilla, el oyente tiene pensamientos negativos o críticos sobre el hablante o su tema. A menudo, el dedo índice puede rozar o tirar del ojo mientras continúan los pensamientos negativos.

- La próxima vez que tenga la oportunidad

de presentar una idea a un grupo de personas, obsérvelas con atención mientras da su idea y notará algo fascinante. La mayoría, si no todos los miembros de su audiencia, se llevarán una mano al rostro y comenzarán a usar gestos de evaluación. Cuando llegue a la conclusión de su presentación y pida al grupo que dé sus opiniones o sugerencias sobre la idea, los gestos de evaluación cesarán. Una mano se moverá a la barbilla y comenzará un gesto de caricia.

• Este gesto de caricias es la señal de que el oyente está tomando una decisión. Cuando ha pedido una decisión a los oyentes y sus gestos han cambiado de evaluación a toma de decisiones.

Gestos de Rascarse y Golpearse la

Cabeza

Figura: gesto de dolor en el cuello; b) olvido

- **Gesto de Dolor en el Cuello:** una persona que usa esto cuando miente generalmente evita tu mirada y mira hacia abajo. Este gesto también se usa como señal de frustración o enojo y, cuando este es el caso, la mano golpea primero la parte posterior del cuello y luego comienza a frotarlo.

- **Gesto de Olvido:** La bofetada en la cabeza comunica el olvido, la persona señala cómo se siente con respecto a ti o la situación por la posición utilizada cuando se golpea la cabeza con la mano, ya sea en la frente o en el cuello. Si se da una bofetada en la frente, señala que no se siente intimidado por haber mencionado su olvido, sino cuando se da una bofetada en la nuca. Él no te dice verbalmente que eres literalmente un "dolor de cuello" por señalar su error.

Capítulo 5:

Usando el lenguaje corporal

Para crear buenas impresiones

El lenguaje corporal es una herramienta muy poderosa. Teníamos lenguaje corporal antes de hablar, y al parecer, el 80% de lo que entiendes en una conversación se lee a través del cuerpo, no de las palabras.
- Deborah Bull

Así como debes dominar el arte de leer en los lenguajes corporales de las personas, debes tener cuidado con el tuyo. Las personas normalmente tienden a compartir cosas sobre sí mismas o se preocupan más por lo que sienten y piensan que pueden ignorar y no tener tacto con los demás a través de expresiones no verbales.

Por ejemplo, tienes un amigo que te habla con entusiasmo sobre su reciente viaje a las Bahamas, y estás bostezando o recostándote. Esto claramente muestra tu desinterés y estás desanimándolo a que hable de él. Ten en cuenta que una buena comunicación es vital en las relaciones y que incluye el lenguaje corporal. Debes responder de manera positiva y genuina y pensar cómo se sentirán los demás sobre cómo actúas. Puede que estés desinteresado, pero eso no significa que tengas que mostrarlo. La sensibilidad es una buena virtud.

Por otro lado, puede haber situaciones en las que realmente te sientas nervioso, aprensivo o inquieto por algo, pero se supone que no debe mostrarlo. Estos son algunos consejos sobre cómo mantener tu lenguaje corporal controlado para que pueda dar buenas impresiones:

1. Incluso si estás ansioso, trata de no mostrarlo.
Si se encuentra en una situación que no es nada amenazante, puede traicionar su ansiedad para hacer que otras personas se sientan bienvenidas y alentadas. Para hacer esto, debes hacer un esfuerzo consciente para cambiar tu enfoque. Puedes sentirte nervioso o aburrido, pero puede controlar los movimientos corporales, como poner los ojos en blanco o retorcerse la pierna. Aprende a hablar despacio a pesar de tu ansiedad. Cuando

estás nervioso, tiendes a hablar rápido y tus palabras pueden estar mezcladas. Respire profundamente para aliviar la tensión para que pueda hablar con claridad.

2. Fingir un humor ligero.

Si te sientes malhumorado o deprimido, no tienes que mostrárselo a todos. Habrá ocasiones en las que tenga que "fingir 'hasta que lo logre", especialmente cuando te encuentre con un nuevo conocido. No deseas dar una primera impresión de que eres una persona negativa. Por otra parte, el deporte de mal humor solo llevará a otras personas con usted.

Si no pudiste evitarlo y mostraste tu mal humor al principio, solo haz una repetición. Puedes acudir a una persona, disculparte por un mal comportamiento que causó una impresión no tan buena y decir: "No era yo mismo antes". La gente apreciará tu autoconciencia y humildad. Entonces puedes tener un nuevo comienzo.

3. Estar sincronizado contigo mismo.
Las grandes primeras impresiones son importantes. Asegúrate quetus expresiones faciales; Tu postura, tus gestos y tu voz están en sincronización positiva. Cuando te encuentras con alguien nuevo o con la esperanza de causar una buena impresión, quieres que vean que realmente estás estableciendo conexión con todo tu ser.

Capítulo 6:

Persuadir e influir con eficacia

Cuanto más elaborados sean nuestros medios de comunicación, menos nos comunicamos.

- Joseph Priestley

Puede persuadir a las personas con palabras, pero puedes hacer que tu ánimo sea más efectivo usando señales no verbales. El lenguaje corporal es una forma poderosa de entregar tu mensaje. Sin embargo, si no tienes cuidado, puede emitir el mensaje incorrecto. Para influenciar a otros, necesitas saber cómo usar sus ojos, su cara, sus manos y su voz. Aquí hay algunos ejemplos de cómo puedes usar el lenguaje corporal para persuadir e influenciar a las personas:

1. Preguntar en persona

Si necesitas información, la mejor opción para ti es hacer la solicitud en persona en lugar de enviar un correo electrónico o un SMS. Es incluso más efectivo en comparación con hacer una llamada telefónica. Te darás cuenta que es más fácil rechazar una solicitud a través de un correo electrónico, así que, si quieres una respuesta positiva, pregúntalo personalmente.

Cuando realicestu solicitud, observa el lenguaje corporal de la otra persona para que puedas hacer ajustes mientras entrega su mensaje. Por ejemplo, la persona con la que estás hablando te da un asentimiento afirmativo, pero no dice nada más, es hora de dejar de hablar. Por otro lado, si le da un ligero movimiento de cabeza como si dijera "no", entonces puede cambiar el curso de la discusión.

Al realizar una solicitud, puedes expresar tu pasión y emoción a través de tu tono de voz, gestos y expresiones faciales. Estos son contagiosos e influyentes, y usted debe hacerlo personalmente. Es bastante difícil expresar tus emociones por teléfono y no importa cuántos íconos emocionales o signos de exclamación coloques en tu carta. Reúnete en persona si estás pidiendo algo, y si eso no es posible, siempre puedes optar por la videoconferencia.

2. Mantenga su lenguaje corporal bajo control

Si bien puedes observar el lenguaje corporal de la otra persona en una situación cara a cara, debes considerar tu propio lenguaje corporal. Puedes crear una buena o mala impresión simplemente por la forma en que te comportas. Revisa tu postura: debes mantenerse erguido para proyectar confianza, y ten cuidado de cómo te acercas a una persona e invades su espacio personal.

Establece contacto visual para que puedas presentarte de forma confiable. Da una sonrisa natural y apoya tu mensaje verbal con gestos con las manos cuando sea necesario. Esto dará la impresión de que eres apasionado y estás activamente comprometido. Cuando tengas confianza en lo que estás diciendo, influirás en las personas para que lo escuchen, lo crean y hagan lo que dices.

Por el contrario, si murmuras palabras con los brazos cruzados sobre el pecho, la cabeza hacia abajo y los ojos desviados, nadie creerá una palabra de lo que estás diciendo.

3. Sea consistente

Algunas personas pueden hacer grandes discursos con palabras muy persuasivas, pero si su lenguaje corporal entra en conflicto con lo que están diciendo, las palabras no serán tan claras. El oyente se confundirá con el mensaje y tendrá que descifrar en qué creer. En la mayoría de los casos, un oyente se basará en el mensaje no verbal.

Por eso tus palabras y tus acciones deben coincidir. Evita lo siguiente cuando convenzas a las personas para que te crean:

- ☐ Sonrisa falsa
- ☐ Inquieto
- ☐ Ojos cambiantes o giratorios
- ☐ Doblar tus brazos
- ☐ Sonreír
- ☐ Cambiar de fuerzas

Para ser más persuasivo, debes usar expresiones faciales y gestos positivos para enlazar a tus oyentes y atraerlos.

4. Cuida tu lenguaje corporal

Las expresiones no verbales son diferentes para todos. Una sonrisa, por ejemplo, puede mostrar tu deleite. Pero para alguien más, puede significar expresar su nerviosismo. Necesitas cuidarte cuando das estas señales. Si estás en una conversación donde hay un tema de injusticia, puedes sentirte nervioso y tender a sonreír, no lo hagas. Puedes ser percibido como un insulto o falta de empatía por su parte. Siempre considera el mensaje que tus expresiones están dando.

5. Ser una persona de integridad.

Si bien debes observar las palabras que

salen de tu boca, debes ser consciente de tu postura, los movimientos de tus manos y tus expresiones faciales. No significa que tengas que estar pensando todo el tiempo y que pierdas el enfoque. El lenguaje corporal es difícil de controlar porque, por lo general, expresa tus verdaderos sentimientos. Lo que debes recordar es que serás persuasivo e influyente, sin pensar demasiado en tu lenguaje corporal, cuando seas genuino. Si eres fiel a ti mismo y hablas honestamente, no te será difícil hacer que la gente te crea. La integridad, después de todo, es su mejor arma cuando de persuasión se trata.

Nuevamente, cuando se trata de interpretar el lenguaje corporal, necesitas recordar estas cosas:

☐ Algunas expresiones faciales y gestos son ambiguos. Si bien existen esos gestos raros que significan algo definido, como el dedo medio, el pulgar hacia arriba y el signo de paz, tenga en cuenta que la mayoría de los gestos no dan un significado específico.

☐ El rostro no es la única fuente para interpretar el lenguaje corporal. Hay algunas personas que pueden enmascarar sus sentimientos muy bien y algunos son realmente grandes pretendientes.

☐ El rostro, aunque no es el único lugar donde puedes leer el lenguaje corporal, puede representar las emociones más fuertes, especialmente si aprendes microexpresiones. Las microexpresiones son fugaces y desaparecerán tan pronto como vengan, pero aparecen cuando una persona tiene sentimientos muy fuertes que no quiere admitir.

Capítulo 7:

Errores Comunes al Interpretar el

Lenguaje Corporal

El lenguaje es seguramente un recipiente demasiado pequeño para contener estas emociones de la mente y el cuerpo que de alguna manera han despertado una respuesta en el espíritu.

- Radclyffe Hall

Interpretar el lenguaje corporal puede sonar fácil, pero con aspectos culturales y personales involucrados, puede complicarse. Las personas piensan que saben lo que significan los gestos y las expresiones faciales o que tienen significados específicos. Pero eso no es verdad. Aquí hay algunos errores comunes que las personas cometen al interpretar el lenguaje corporal:

1. Sonrisas malentendidas
No todas sonrisas significan felicidad o emoción. Algunas personas usan sonrisas para cubrir su malestar. Debes distinguir entre una sonrisa falsa y una sonrisa verdadera, y la clave es mirar a los ojos. Cuando descubres que una sonrisa no es genuina, entonces puedes responder en consecuencia.

2. Malentendiendo señales sobre la mentira

Si bien puedes detectar si una persona se

siente incómoda con lo que está diciendo debido a laaversión estereotipada de los ojos, debes darte cuenta de que no es la única forma en que puedes reconocerlos; El engaño puede ser bastante complejo. Algunas personas pueden establecer un buen contacto visual incluso cuando no están diciendo la verdad. Debes revisar todas las demás señales no verbales, como movimientos de manos, pies y piernas.

3. El tacto malentendido.
El tacto es generalmente visto como un signo de amor y afecto, pero no debe limitarse a eso. En algunos casos, el tacto puede significar el dominio. En otros, puede significar simplemente llamar su atención, sin sentimientos de afecto.

4. Malentendiendo "uhs!?"

La idea común de que las personas que llenan sus discursos con "uhs" significa nerviosismo, no es del todo cierta. Si bien su uso puede no ser deseable y puedes mejorar tu flujo de comunicación al evitarlos, los estudios muestran que el uso de "uhs" da una respuesta positiva. Los "uhs" llenan el aire muerto, haciendo que el discurso sea suave y continuo.

Estos son solo algunos malentendidos comunes cuando se trata de leer el lenguaje corporal. Sin embargo, debes comprender que no hay un diccionario para la comunicación no verbal específica. Tampoco se puede depender del sentido común para hacer suposiciones.

Una cosa que puedes hacer para mejorar tu comprensión del lenguaje corporal es confiar en tu propio instinto. Las personas están diseñadas para compartir y comprender los sentimientos y emociones de los demás. Por ejemplo, una vez que notes el miedo, reaccionarás inmediatamente. Para comenzar a confiar en tu instinto, simplemente pregunta a tu mente inconsciente. Tu mente inconsciente registrará y detectará la temperatura emocional y tendrás una idea de lo que otros proyectan con su lenguaje corporal. Sin embargo, no es fácil, y tomará tiempo y práctica.

Conclusión

Leer las señales del cuerpo y ser capaz de expresarse a través de señales no verbales es una excelente manera de construir y fortalecer las relaciones. El lenguaje corporal transmite sentimientos, pensamientos e intenciones. Es importante recordar que, dado que las emociones aparecen en el cuerpo antes de registrarse en la mente consciente, una persona puede mostrar felicidad, impaciencia o ira a través de señales corporales. Si bien no hay un significado claro y definido para el lenguaje corporal, puedes tener una idea si no estás despistado. Esto es especialmente cierto cuando lees a personas que conoces o que están cerca de ti: esto viene con horas de aprendizaje de sus personalidades y antecedentes.

En resumen, si estás tratando de leer e interpretar el lenguaje corporal de otras personas, estas son las cosas que puede hacer:

☐ Preste atención a la apariencia, la postura y los movimientos físicos.

☐ Confía en tu instintos.

☐ Honre los destellos críticos de comprensión y revise los hormigueos intuitivos cuando las personas hacen o dicen algo que toca un acorde.

Aprender el lenguaje corporal es una forma rica de interactuar con otras personas. Recuerda, la comunicación es más que lo *que* dices; También es *como* hablas.

Aplique el conocimiento que obtuvo de este libro para identificar e interpretar mejor las señales no verbales y utilizar el lenguaje corporal a su favor. Tendrás éxito tanto en tus relaciones personales como profesionales.

Cuando entiendas bien cómo usar las señales no verbales, podrás persuadir, motivar e influir en las personas. Cuando te expreses, recuerda que tus palabras habladas deben ser consistentes con tus expresiones faciales, postura, tono de voz, gestos, movimientos corporales y la forma en que mantienes la distancia. Por último, la mejor manera de ser efectivo en la comunicación no verbal es ser genuino. Es la técnica más natural pero más efectiva de interactuar y conectarte con las personas.

Parte 2

Introducción

Quiero agradecerte y felicitarte por descargar el libro, "Lenguaje corporal". El lenguaje corporal es un tema que tan solo unos pocos de nosotros estudiamos; sin embargo, es una de las principales herramientas que usamos para comunicarnos con las personas. Se dice que la mayor parte de la comunicación se realiza por medio del lenguaje corporal. Esto significa que si no entiendes tu lenguaje corporal no podrás entender completamente lo que le comunicas a otras personas.

Las mujeres aman a un hombre que pueda comunicar que es un macho alfa fuerte y confiado. Si ellas tienen que elegir entre un hombre increíblemente atractivo que se muestra nervioso e inseguro y un hombre que no es tan atractivo que se muestra confiado y seguro ¡Ellas elegirán al hombre confiado y seguro! Si quieres ser ese hombre necesitarás entender que es lo que estas comunicando con tu lenguaje corporal y controlar que es lo que estás comunicando.

En cualquier momento que estés comunicándote con alguien, estás enviando señales no verbales. Estas señales pueden ser gestos, la manera en que te sientas, un toque en el brazo y muchas otras cosas diferentes que haces mientras te comunicas. Todos nosotros somos capaces comprender la comunicación no verbal de una manera subconsciente pero aprender a entender conscientemente el lenguaje corporal te dará no solo un mejor entendimiento de las otras personas sino que también te permitirá tener un mejor control en todos los aspectos de la vida.

Ya que tu cerebro procesa automáticamente las sensaciones que transmite otra persona por medio de su comunicación no verbal, a menudo este proceso te hará tener una opinión inconsciente de esa persona. Pero ese sentimiento puede estar equivocado. Si has pensado automáticamente que una persona "no quiere hablar", con una comprensión mejor y más consciente de la comunicación no verbal entenderías que la persona se ve así porque está nerviosa.

Esta comprensión también te puede ayudar a evitar causar la misma impresión. Especialmente en situaciones en donde no puedas evitar sentirte nervioso. Con el tiempo momento lograrás mostrarte fuerte y confiado de una manera natural, pero hasta entonces deberás mostrar esos rasgos conscientemente.

De acuerdo con "La Importancia de la Comunicación Efectiva" de Edward G. Wertheim, PhD, cuando te comunicas con alguien la comunicación no verbal por lo general desempeña uno de los cinco roles siguientes:

Repetición: La comunicación no verbal puede repetir un mensaje que alguien emite verbalmente.

Contradicción: La comunicación no verbal puede contradecir el mensaje que alguien emite verbalmente.

Sustitución: La comunicación no verbal puede sustituir un mensaje verbal. Wertheim da un ejemplo "A menudo, los ojos de una persona expresan un mensaje mucho más vívido que las palabras".

Complemento: La comunicación no verbal puede agregar o elogiar a un mensaje verbal. Wertheim da un ejemplo "Un jefe que le da a una persona una palmadita en la espalda además de elogiarla puede aumentar el impacto del mensaje".

Acentuación: La comunicación no verbal puede acentuar o subrayar un mensaje verbal. Wertheim da un ejemplo "Golpear la mesa puede subrayar un mensaje".

Este conocimiento puede ayudarte a usar la comunicación no verbal de una manera efectiva. Por ejemplo golpear la mesa mientras invitas a alguien a una cita, no es realmente una buena forma de utilizar el lenguaje no verbal. Esta acción contradiría las palabras que dices (¡o las acentuaría de una muy mala manera!) Pero mirar profundamente a los ojos de alguien mientras dices algo romántico le añadirá un mensaje más profundo a tus palabras.

Gracias de nuevo por descargar este libro, ¡espero que lo disfrutes!

El Uso del Lenguaje Corporal para Generar Atracción

Imagina esto, estas en el bar y al mirar al otro lado ves a una hermosa mujer, te sientes nervioso y no sabes qué hacer con las manos, miras al suelo y luego ves a la mujer, te mueves de un lado a otro nerviosamente... ¿qué crees que está pensando en este momento? Te diré lo que no está pensando: "¡guau, quiero conocer a ese tipo!"

Tus movimientos deben parecer relajados y debes tener control total sobre ellos. Cuando miras al otro lado y ves a una mujer hermosa, necesitas mantener tus manos en un lugar cómodo, mantener el contacto visual, quedarte quieto y sonreír. Al parecer relajado y en control, pareces confiado y dominante... que es exactamente lo que ella querría en un hombre. Cuando estés sentado, inclínate hacia atrás, mantén tus brazos relajados y siéntase cómodo.

Abre tu cuerpo: Mantén tu cuerpo abierto al acerarte a las mujeres, brazos a los lados, las piernas abiertas a la distancia de los hombros.Hazles saber que las invitas a llegar en lugar de hacerlas creer que quieres apartarlas.

Mantén tu espalda recta: Ya sea que estés caminando o sentado, mantener tu espalda recta es vital para que luzcas como un alfa y te veas atractivo para las mujeres. Es bien sabido que los hombres más altos son vistos como más poderosos – y el poder es atractivo para las mujeres. Una de las mayores razones por las que Bill Clinton era tan atractivo para las mujeres (además de su poderoso contacto visual) era su altura y la forma que la que se conducía. Si mantienes tu espalda recta las mujeres tendrán exactamente esa misma impresión de ti.

Mantén tu espacio: Los machos alfa marcan su territorio y lo controlan.Esto no significa que debas actuar como lo hacen los perros y marcar tu territorio orinando. Simplemente ocupa todo el espacio que necesites: abre las piernas para ocupar más espacio, sepáralas lo más que puedas y pon tus brazos en donde desees. Este es tu espacio y, como macho alfa, es tu deber tomarlo.

Mantén la calma: Si bien no hay nada de malo en demostrar que no estás contento con algo, o incluso dar un indicio de ira. Recuerda que el macho alfa siempre está defendiendo su lugar como líder de la manada. Nunca demuestres demasiada emoción, especialmente no la muestres ante las mujeres. Si una mujer detecta que eres emocional o fácilmente irritable, sabrán que no eres realmente el alfa. Una gran parte del atractivo de los machos alfa es que tienen el control: si no pueden controlar sus emociones, ¿cómo pueden controlar cualquier otra cosa?

Así que esto no significa que si estas enfadado tengas que actuar como si estuvieras feliz ya que esta tampoco es la actitud de un alfa -debes actuar indiferente. Si bien no estás contento con algono dejes que te moleste lo suficiente para enfadarte. Especialmente si te molestas por algo que ella hizo, por ejemplo – dejarte solo para ir a hablar con otra persona mientras ustedes están en una cita. Claramente no estás contento con eso, pero eres el macho alfa y así que no te molesta. Simplemente ve y habla con alguien más, quizá con aquella chicha encantadora de allá – quien sabe, ¡puede que ni siquiera quieras molestarte en volver con ella!

La más importante... Mantén el contacto visual: El contacto visual muestra confianza, dominio e interés. Las mujeres enloquecen por un hombre que pueda mantener contacto visual con ellas. Además, esto le da las mujeres la impresión de que tienes la suficiente confianza de mantener contacto visual y también les da la impresión de que estas cautivado por ellas. ¿Alguna vez has escuchado a una mujer decir que se sentía como si fuera "la única chica en la habitación"? Así es como les das esa sensación, manteniendo el contacto visual, asintiendo con la cabeza para demostrar que estás escuchando e inclinando la cabeza para mostrar que estás interesado. A una mujer no le gusta nada menos que sentirque es la única chica en la habitación.

Existen 3 elementos centrales para un lenguaje corporal masculino poderoso y son muy simples:

Confianza: El lenguaje corporaldel macho alfa necesita ser confiado. El macho alfa no tiene miedo de estar al frente de un salón, no tiene miedo de ver a alguien a los ojos y ciertamente no se pone nervioso cuando conoce a persona nuevas. Todo esto se refleja en u lenguaje corporal de macho alfa.
Dominio: El macho alfa es dominante, se mantiene alto en salón. No es el primero en interrumpir el contacto visual, no se hace a sí mismo tan pequeño que el resto de las personas no puedan notarlo y no tiene miedo de hacer contacto físico con otras personas.
Comodidad: El macho alfa se siente cómodo en su propia piel y con sus alrededores. Si quiere mirar hacia algún lugar, lo hace – si quiere hablar con alguien, va y le habla – si no se siente

feliz, no pretende estarlo.

Los 3 elementos centrales para un lenguaje corporal masculino poderoso son fáciles de comprender, pero lo más importante que debes hacer no es entenderlos son ponerlos en práctica. La manera de ponerlos en práctica es enfocarte en una sola parte de tu cuerpo a la vez hasta que se vuelva algo natural. Asía que, sin nada más que agregar, ¡comencemos a ponerlos en práctica!

Contacto visual

Como se explicó anteriormente, el contacto visual es un método confiado y dominante de la comunicación no verbal. Muchos hombres desvían la mirada tan pronto como alguien hace contacto visual con ellos, lo cual es un rasgo de un "beta" que inmediatamente deja en evidencia que tu no eres un alfa.

Si quieres comenzar a hacer que el contacto visual sea una parte natural de tu lenguaje corporal, necesitas sentirte cómodo con el contacto visual. Necesitas sentirte cómodo posando tu mirada en donde tú quieras. Si estás viendo a una mujer y ella te "descubre" necesitas la confianza suficiente para no desviar la mirada, mantener el contacto visual con ella y sonreír demuestra que eres un confiado macho alfa.

Expresiones faciales

Ser un alfa se trata de sentirse confiado y relajado – tus expresiones faciales juegan un gran papel a la hora de demostrar estos rasgos. Siempre piensa que tus expresiones faciales son completamente inconscientes, así que, si aparentas ser débil o inseguro por tus expresiones faciales, las personas creerán que así eres naturalmente.

Postura

La postura del macho alfa es alta, fuerte y dominante. Mucha gente cree que se trata simplemente de pararse recto, pero es un poco más que eso. Necesitas estirar tus piernas completamente, es decir, no doblar las rodillas. Tu espalda necesita estar estirada hacia atrás en forma de C para que puedas verte recto y sin encorvarte. Puede que tome un poco de tiempo para que aprendas esta posición, pero asegúrate de que tu pecho esté inflado para que te veas alto y fuerte. Finalmente necesitarás abrir tus hombros, esto ayudará a que saques un poco más el pecho. Necesitarás algo de tiempo para aprender esta postura, pero una vez que la hayas aprendido, te hará destacar como un hombre fuerte y dominante.

Capítulo 2 El Uso del Lenguaje Corporal para Influenciar a Otros

La investigación en el campo de la psicología ha demostrado abiertamente que las insinuaciones no verbales de otras personas tienen la capacidad de causar reacciones cognitivas y emocionales en nosotros. La manera en que las personas se comportan puede ayudar o entorpecer sus objetivos de comunicación. Los humanos subconscientemente muestran señales corporales todo el tiempo y permiten que otros entiendan su estatus, carácter y estado de ánimo. Hacer dichas señales te da el poder de elegir como te ven las demás personas. Puedes usar tu Lenguaje corporal para comunicarte mejor, conectarte con otras personas e influir. Tener un lenguaje corporal que muestre automáticamente poder, asertividad y confianza hará que influencies a la gente. Sin embargo, solo podrás disuadir a las personas si éstas confían en ti. Por lo tanto, es vital usar tu cuerpo para que las personas se sientan conectadas en lugar de dominadas. Si una persona frunce el ceño, inclina la cabeza o tiene los hombros caídos, lo más probable es que se sienta inferior.

Dilatación de las pupilas

Los estudios revelan que la dilatación de las pupilas demuestra un sentido de interés. Las personas con pupilas dilatadas son percibidas como personas más atractivas sexualmente, quizás porque las pupilas dilatadas nos hacen sentir que la otra persona tiene interés en nosotros. En la era tradicional, las mujeres se dilataban las pupilas para lucir más atractivas. Sin embargo, esto nos sucede inconscientemente.

La sonrisa de duquesa

Este término se refiere a una sonrisa sincera. Esuna sonrisa que se forma cuando una persona está feliz. Cuando alguien nos sonríe sinceramente, nos motiva a responderle con una sonrisa que también es sincera. Las sonrisas son una gran forma de hacerte ver cálido y accesible y hace que las personas confíen en ti. La gente estará dispuesta a escucharte si les agradas y una sonrisa es el primer paso para construir esta confianza.

La mirada

El contacto visual directo puede causar alarma en la otra persona. Si un extraño se te queda mirando fijamente lo interpretarías como una amenaza. Este comportamiento también se ha visto en animales. Mirar fijamente a un animal lo hace sentir amenazado.

El contacto físico

En un estudio, los meseros en los hoteles tocaban sutilmente los brazos de algunos clientes y los de otros no. El tocar el brazo de los clientes daba como resultado propinas más generosas. El toque de una persona a la que amamos desencadena la liberación de oxitocina la cual causa atracción sexual y apego.

Los suspiros
Hay varias razones por las que las personas suspiran. Sin embargo, suspirar causa que los demás pregunten "¿algo anda mal?"

Los movimientos
Las personas construyen buenas relaciones encontrando motivos y similitudes entre ellos y otras personas. Una forma rápida de construir esto es usando el cuerpo. Si sutilmente copias los movimientos de los demás, se sentirán conectaos contigo sin saber por qué. Si la persona cruza las piernas, hazlotú también. Cualquier movimiento que la persona haga, cópialo. Subconscientemente la persona comenzará a imitarte a ti y ahora tú estarás en posición de influenciarla.

Asentir con la cabeza
Si asientes con cabeza a una persona, esa persona sentirá la necesidad de devolverte el favor. Comienza por asentir cuando la persona habla para mostrar que confirmas o que estás de acuerdo con lo que dice. Luego, cuando estés hablando asiente con la cabeza a tu propio discurso y observa la

reacción de la persona. Si la persona asiente también, sabrás que está más inclinada a estar de acuerdo contigo cuando hagas una propuesta.

Ponerse de pie

Cuando estás de pie hablando con una persona que está sentada, inmediatamente tomas ventaja sobre ella. Esto sucede porque al estar de pie haces sentir a la otra persona que eres dominante y fuerte así que la otra persona se siente más dispuesta a rendirse.Sin embargo, uno no debes pararte sobre la otra persona, o apoyarte demasiado. Esto hará sentir incómoda a la otra persona y sentirá que la estás intimidando.

Además, incluso cuando estás hablando por teléfono, debe estar de pie para influir en el resultado de la conversación. Aunque la otra persona no te vea, cuando te pongas de pie, te sentirás más en control y serás asertivo.

Apoyarse

Cuando inclinas tu cabeza hacia alguien demuestras que estás interesado en la persona. Si haces que la otra persona se sienta importante, es más probable que esté de acuerdo contigo.

El uso de tus pies para apuntar

Apuntar con tus pies en dirección a algo es una señal positiva. Si apuntas hacia una persona, esto demuestra que esa persona te agrada y estás interesado.

Postura de poder

La postura de poder involucre abrir el cuerpo para ocupar más espacio. Los estudios revelan que abrir el cuerpo tiene un gran efecto en aumentar la confianza. Un ejemplo es apretar las manos detrás de la cabeza subir los pies al escritorio o pararse con los pies separados y las manos en las caderas.

Un estudio realizado en la escuela de negocios de Harvard reveló que los estudiantes impresionaban en sus entrevistas si pasaban dos minutos en poses de poder antes de la entrevista. Otro estudio reveló que comenzar en una pose de poder eleva los niveles de testosterona, los niveles de tolerancia al riesgo y la tolerancia al dolor y la creencia en uno mismo. Además, también calman los nervios y abre la respiración.

El uso de los gestos al hablar

Una investigación reveló que si se les permitía a las personar hacer gestos mientras hablaban, las personas se volvían más capaces de explicar problemas matemáticos y de recordar letras. Hacer gestos no solo te ayuda a procesar tus pensamientos sino que también te ayuda a dar una mejor impresión.

Las investigaciones también demuestran que los presentadores son juzgados como más efectivos y competentes si hacen gestos con las manos. Los gestos también ayudan a la audiencia a entender y recordar lo que dices.

El contacto visual

El contacto puede crear o destruir tu presencia en una reunión. Esto se debe a que el contacto visual demuestra confianza, atención y confianza. Desviar la mirada de los ojos de una persona muestra falta de confianza y podría debilitar tus posibilidades de obtener lo que deseas. Por otro lado, demasiado contacto visual se considera intimidante.

Un apretón de manos firme y amigable
La mayoría de las negociaciones comienza conun apretón de manos.Debes apretar la mano de la otra persona con firmeza pero tampoco demasiado fuerte. Un apretón de manos débil demuestra inferioridad.

Capítulo 3: El Uso del Lenguaje Corporal en Situaciones Sociales

El lenguaje corporales importante cuando conocemos nuevas personas. Esto sucede porque nosotros nos formamos nuestras propias opiniones en tan solo unos segundos después de un primer encuentro. Este efecto se da en las dos vías.

1. Cuando nos encontramos con una persona por primera vez, su lenguaje corporal tanto el consciente como el subconsciente influye en la primera impresión que les das

2. Cuando nos encontramos con una persona por primera vez, esta persona se forma una primera impresión de nosotros dependiendo de nuestro lenguaje corporal y señales no verbales.

La capacidad de leer el lenguaje corporal es muy útil para:

Entender lo que las personas sienten y lo que quieren expresar.

Entender cómo reaccionan las personas a tus propias señales de lenguaje no verbal.

Tener un mejor entendimiento de ti mismo
Las diferentes partes del cuerpo transmiten diferentes señales en situaciones sociales. Los ojos tienden a mirar hacia la derecha cuando el cerebro está imaginando y miran hacia la izquierda cuando recordamos algo. En una situación social se asocia el estar imaginando con la mentira pero no siempre tiene porqué ser así. Esto quiere decir que si la persona está viendo hacia la derecha no necesariamente está mintiendo sino que puede significar que no tiene idea de la respuesta y está adivinando.

Segundo, la boca también está conectada a varios lenguajes corporales. Las sonrisas sinceras son simétricas y causan arrugas alrededor de los ojos y la boca. Por otro lado, las sonrisas fingidas tienden a crear arrugas únicamente alrededor de la boca.

Las manos también son muy confiables para indicar los estados de ánimo y sentimientos, especialmente cuando se combinan con otros lenguajes corporales. Los brazos cruzados quieren decir que estás a la defensiva. Este mismo mensaje también lo envíassi cruzas los brazos y las piernas. Brazos cruzados, piernas cruzadas, ceño fruncido y puños apretados son señales de una actitud defensiva y hostil.

El lenguaje corporal de las manos se utiliza por varios motivos:

1. Para enfatizar .Por medio de gestos de apuntar, pinchar y cortar.
2. Para ilustrar. Por medio de gestos de dibujar, moldear y dimensionar cosas en el aire.
3. Para especificarPor medio de signos como el estadounidense "OK", el pulgar arriba, la señal de victoria así como señales ofensivas.
4. Para saludar a la gente y decir adiós.
5. Además en signos de escape como jugar con bolígrafos, cigarros y otras partes del cuerpo. Estos signos indican sentimientos de duda, engaño, presión e incluso expectativa.

De acuerdo con los expertos, las manos envían más señales que cualquier otra parte del cuerpo además de la cara. Por lo tanto, el lenguaje corporal de las manos envía mucha información. También debes considerar que las diferentes culturas le dan diferentes significados para las señales de las manos.

Es difícil controlar conscientemente o fingir los movimientos de las piernas y los pies. Si sabes leer los signos, estas partes del cuerpo pueden incluso ofrecer una buena cantidad de pistas acerca de los sentimientos y el humor de alguien.

Los hombres se sientan de una forma diferente que las mujeres, y esto se debe considerar al leer las señales de las piernas. Los hombres, de manera natural, asumen posiciones en sus piernas que son más abiertas que las posiciones de las mujeres.

Otras posiciones de las piernas no son exclusivas de los hombres y las mujeres las asuman también, especialmente si se combinan con faldas cortas. También, las mujeres mayores asumen posiciones con las piernas cerradas debido a tendencias sociales, igualdad, vestimenta y crianza. Las personas también cambian las piernas de posición después de estar sentadas un rato.

El lenguaje corporalvaría en cada cultura. Las personas en la India sacuden su cabeza de un lado a otro en señal de acuerdo y atención. Por otro lado, las personas occidentales asienten con la cabeza en señal de afirmación. Otro ejemplo es que las personas en Filipinas se ofenden cuando se les llama curvando el dedo índice.

En algunas culturas es irrespetuoso mirar a las personas mayores directamente a los ojos. En los países árabes se considera grosero mostrar los pulgares arriba, también es grosero apuntar a alguien con los pies porque los pies se consideran inferiores a otras partes del cuerpo. En estos países la mano izquierda tampoco se usa para estrechar manos o comer. En Japón el movimiento de levantar las cejas se considera grosero o una insinuación sexual.

El "OK" de los estadounidenses se considera grosero en Alemania, en Latinoamérica y el medio oeste. En las culturas orientaleslos gestos de llamar a alguien con señas se hace con la palma hacia abajo al contrario de las culturas occidentales.

En los Países Bajos, tocarse la sien con el dedo índice puede significar que alguien es inteligente mientras que tocar en otros logares puede significar que una persona está loca o es tonta.

Japón

La cultura japonés es quizá la más compleja y fascinante con su lenguaje corporal, etiqueta, signos y señales en el mundo entero.

Una risa agitada significa que la persona está nerviosa.

Cuando te presentas debes inclinarte en lugar de ofrecerte a estrechar la mano.

Debes recibir las tarjetas de presentación con ambas manos y guardarlas en una billetera o en la parte superior de tu cuerpo. Sostener tu identificación con una sola mano es irrespetuoso.

Sonarse la nariz en público con un pañuelo se considera obsceno.

Las mujeres también demuestran su interés a través de varias señales:

Hacer contacto visual

Hacer contacto visual y luego desviar la mirada
Abrir los ojos de par en par
Parpadear
Dilatar las pupilas
Mirar hacia los lados
Mirar por encima del hombro
Sonreír
Humedecerse los labios
Tener los labios partidos
Tocarse a sí mismas y muchas señales más

Los hombres demuestran atracción a través de:
Adoptar una postura erguida
Adoptar una postura abierta
Adoptar una postura de vaquero
Poner las manos en sus bolsillos
Escanear la habitación y muchas señales más
Después de la etapa inicial, el cortejo tiene también varias señales
Contacto visual
Corresponder al contacto visual del hombre
Sonrisas mutuas
Escuchar con atención

Tocar

Los hombres generalmente se inclinan para demostrar agradecimiento. La versión femenina de esto es la cortesía.

Capítulo 4: La Conexión entre Cuerpo y Mente

Las personas con una Buena salud emocional siempre están conscientes de sus pensamientos, sentimientos y comportamiento. El cuerpo de una persona responde a la manera en que piensa, siente y actúa. Cuando estás pasando por una situación de estrés, ansiedad o te sientes molesto, tu cuerpo reacciona de una forma que te hará darte cuenta de que algo anda mal. Por ejemplo, una presión arterial elevada o ulceras estomacales pueden deberse a un periodo de estrés. Las siguientes señales indican que hay una situación sin resolver en tu mente.

Dolores en la espalda y cuello
Cambios en el apetito
Dolores en el pecho
Constipación o diarrea
Sequedad bucal
Fatiga extrema

Si tienes una salud emocional deficiente, tu sistema inmunológico de tu cuerpo puede debilitarse. Esto puede provocar resfriados y otras infecciones. Además, cuando estás estresado o ansioso, no tienes la capacidad de cuidarte bien.

Puede ser útil que compartas tus problemas con amigos o familiares. No te obsesiones con tus preocupaciones y trata de vivir una vida equilibrada. Simplemente continúa con tus actividades diarias como de costumbre.

Debes desarrollar resiliencia para afrontar el estrés. Lejos de calmar la mente y el cuerpo, también debes cuidarte a ti mismo.

La conexión entre cuerpo y mente muestra que lo que pensemos, sentimos y creemos puede impactar nuestra función biológica, positiva o negativamente.Podemos decir que nuestra mente tiene influencia en nuestra salud.

Además, lo que hacemos con nuestros cuerpos físicos puede influir en nuestra salud mental. Esto conduce a una interrelación entre la mente y el cuerpo. No se puede separar la mente del cuerpo.

Se han diseñado varias técnicas para

mejorar el impacto positivo de la mente en el cuerpo:

Grupos de apoyo
Meditación
Terapia conductual cognitiva
Rezar
Yoga
Terapia creativa

Las terapias cuerpo-mente utilizan el cuerpo para influenciar a la mente. Estas terapias están interrelacionadas. El cuerpo influye en la mente, que a su vez afecta al cuerpo. Es importante que sepamos que la mente no significa completamente el cerebro. La mente es una composición de pensamientos, emociones, creencias, actitudes e imágenes. El cerebro es solo un hardware que nos permite experimentar estos estados mentales.

Los estados mentales se pueden considerar conscientes o subconscientes. Podemos experimentar reacciones emocionales ante situaciones sin ser conscientes. Cada estado mental posee una fisiología a la que está vinculado, un efecto positivo o negativo que se realiza en el cuerpo físico. Por ejemplo, la ansiedad mental resulta en la producción de hormonas del estrés.

Muchas terapias de la mente y el cuerpo se concentran en hacernos más conscientes de nuestros estados mentales y utilizar esta conciencia aumentada para orientarlos en una dirección mejor y constructiva.

La conciencia de cuerpo y mente no es un fenómeno reciente. Hace alrededor de trescientos años el campo de la medicina trataba el cuerpo y la mente como uno solo. Sin embargo en el siglo diecisiete, el mundo occidental comenzó a considerar el cuerpo y la mente como dos entidades separadas. El cuerpo se considera un maquina compuesta de partes que son reemplazables e independientes y que no está ligada a la mente.

Esta visión tuvo sus beneficios porque actuó como base para los avances en la cirugía, la atención del trauma y otras áreas de la medicina. Sin embargo, a principios del siglo veinte, esta visión comenzó a cambiar. Los investigadores comenzaron a estudiar La conexión entre el cuerpo y la mente y mostraron científicamente los complejos vínculos que existen entre ellos.

Una de las preguntas que plantea la psicología y filosofía es si la mente es parte del cuerpo o el cuerpo es parte de la mente. Se han expuesto varias teorías para explicar este fenómeno. Sin embargo, la explicación más común se refiere a si la mente y el cuerpo son dos entidades separadas o una.

Dualismo

El dualismo explica que los seres humanos son objetos materiales. Tenemos peso y estamos compuestos de sólidos, líquidos y gases. De todos modos, a diferencia de otros objetos como las piedras, los humanos tienen el poder de emitir juicios y razonar su existencia.

El concepto del dualismo se refiere a que los seres humanos poseen tanto una mente como un cuerpo y que la mente y el cuerpo existen como entidades separadas. Además, el dualismo sostiene que existe una interacción bidireccional entre las sustancias físicas y mentales.

El dualismo dice además que la mente interactúa con el cuerpo a través de la glándula pineal. También dice que la mente controla el cuerpo, pero el cuerpo tiene la capacidad de controlar la mente racional (como cuando las personas hacen cosas por pasión).

Monismo

Existen dos formas de monismo:

Materialismo

Es la creencia de que no existe nada aparte del mundo material. El materialismo opina que la conciencia de la mente es el resultado de la función del cerebro. Los procesos mentales se pueden identificar con procesos puramente físicos del sistema nervioso central. Los seres humanos son tan complicados como los seres fisiológicos.

Fenomenalismo

También se conoce como idealismo subjetivo y opina que tanto los objetos físicos como los eventos se pueden reducir a objetos mentales, propiedades y eventos. Sólo los objetos mentales existen en la realidad. Lo que pensemos de nuestro cuerpo es básicamente la percepción de la mente. Antes de que te precipites a juzgar, lee esto:

Los científicos le hicieron algunas preguntas a tres víctimas de accidentes cerebrovasculares que resultaron hemipléjicas. Hemipléjico significa que perdieron la movilidad en un lado del cuerpo. Los pacientes movían su mano sana frente a un espejo. Todos afirmaron que podían mover ambas manos bastante bien a pesar de las afirmaciones contradictorias de los médicos.

Los conductistas creen que la mente no existe. Por otro lado, los biólogos dicen que el cerebro es la mente. Los conductistas y los biólogos creen en el monismo.

En un estudio sepuso a los participantes en un trance y se les dijo que los tocarían con un metal al rojo vivo, pero en realidad los tocaron con un lápiz. Los participantes tuvieron una reacción en la piel similar a una quemadura con un metal. Esto muestra claramente que la mente afecta al cuerpo. Este estudio contradice el enfoque del monismo porque el cuerpo no podría haber reaccionado de tal manera, si no fuera por la mente. Por lo tanto, este estudio apoya el dualismo.

Conclusión

¡Gracias de nuevo por descargar este libro! El lenguaje corporal es increíblemente importante. La mayor parte de los sentimientos que provocas (alrededor del 55%) en otras personas provienen de tu lenguaje corporal, Es importante que prestes mucha atención a tu lenguaje corporal, si no lo haces, hay muchas posibilidades de que disgustes a la gente y que desconfíen de ti.

Lo más importante es que el lenguaje corporal que utilizas tendrá un impacto físico real en ti. Al parecer un macho alfa fuerte y seguro, comenzarás a convertirte en eso, un macho alfa fuerte y seguro.

Independientemente de lo que creas sobre la conexión 'mente-cuerpo' o 'cuerpo-mente', asegúrate de una cosa: cualquier cosa que hagas con tu cuerpo, generalmente la mente la seguirá; y cualquier cosa que hagas con la mente, el cuerpo también le seguirá. Si actúas confiadamente durante un período de tiempo, comenzarás a sentirte confiado.

Posteriormente, si te sientes confiado y crees que estás confiado, entonces adoptarás ciertos lenguajes corporales y rasgos que proyectarán confianza. Esto no lo podemos negar y ha ya ha sido probado durante años de investigación. Por lo tanto, si tomas nota de los consejos de este libro y comienzas a cambiar la forma en que teconduces, de la cabeza a los pies, y aprendes qué significa cierto lenguaje corporal para diferentes personas, géneros, culturas y en diferentes situaciones, seguramente atraerás mujeres, mejorarás tu rendimiento, influirás en otros y tendrás éxito en la vida. Por último, si disfrutaste de este libro, me gustaría preguntarte si serías tan amable de dejar una reseña. ¡Sería muy apreciado! ¡Gracias y buena suerte!

www.ingramcontent.com/pod-product-compliance
Lightning Source LLC
Chambersburg PA
CBHW071857070526
44583CB00016B/1726